100

为新中国成立作出突出贡献的英雄模范人物

任 常 伦

刘延喜/编著

吉林文史出版社

图书在版编目（CIP）数据

任常伦 / 刘延喜编著. -- 长春 ：吉林文史出版社，
　2011.4（2022.4重印）
　（100位为新中国成立作出突出贡献的英雄模范人物）
　ISBN 978-7-5472-0533-4

Ⅰ. ①任… Ⅱ. ①刘… Ⅲ. ①任常伦（1921～1944）－
生平事迹 Ⅳ. ①K825.2

中国版本图书馆CIP数据核字(2011)第050708号

任常伦

RENCHANGLUN

编著/ 刘延喜

选题策划/ 王尔立　责任编辑/ 王尔立

装帧设计/韩璘

出版发行/ 吉林文史出版社

地址/ 长春市福祉大路5788号　邮编/ 130118

电话/ 0431-81629363　传真/ 0431-86037589

印刷/天津海德伟业印务有限公司

版次/ 2011年4月第1版 2022年4月第6次印刷

开本/ 640mm×920mm　1/16

印张/ 9　字数/ 100千

书号/ ISBN 978-7-5472-0533-4

定价/ 29.80元

/100位

为新中国成立作出突出贡献的英雄模范人物/

八女投江	于化虎	小叶丹	马本斋	马立训	方志敏
毛泽民	毛泽覃	王尔琢	王尽美	王克勤	王若飞
邓 萍	邓中夏	邓恩铭	韦拔群	冯 平	卢德铭
叶 挺	叶成焕	左 权	诺尔曼·白求恩		任常伦
关向应	刘老庄连	刘伯坚	刘志丹	刘胡兰	吉鸿昌
向警予	寻淮洲	戎冠秀	朱 瑞	江上青	江竹筠
许继慎	阮啸仙	何叔衡	佟麟阁	吴运铎	吴焕先
张太雷	张自忠	张学良	张思德	旷继勋	李 白
李 林	李大钊	李公朴	李兆麟	李硕勋	杨 殷
杨子荣	杨开慧	杨虎城	杨靖宇	杨闇公	萧楚女
苏兆征	邹韬奋	陈延年	陈树湘	陈嘉庚	陈潭秋
冼星海	周文雍、陈铁军夫妇		周逸群	明德英	林祥谦
罗亦农	罗忠毅	罗炳辉	郑律成	恽代英	段德昌
贺 英	赵一曼	赵世炎	赵尚志	赵博生	赵登禹
闻一多	埃德加·斯诺	夏明翰	格里戈里·库里申科		
狼牙山五壮士	聂 耳	郭俊卿	钱壮飞	黄公略	
彭 湃	彭雪枫	董存瑞	董振堂	谢子长	鲁 迅
蔡和森	戴安澜	瞿秋白			

　　每个人的心中都多少有一点英雄情结，都向往英雄、景仰英雄。也正因此，在中华人民共和国建国六十周年之际，由中央十一部委联合组织开展的"100位为新中国成立作出突出贡献的英雄模范人物和100位新中国成立以来感动中国人物"的评选活动中，群众参与投票总数近一亿。这其中的每一张选票，都表达了人们对英雄模范的崇敬之情，寄托着对伟大祖国的美好祝福。

　　一个民族不能没有英雄，否则这个民族就不会强大。当国家危难之时，懦弱者选择了逃避、妥协甚至投降，英雄们却挺身而出，用热血捍卫民族的尊严，人民的幸福。在创立和建设新中国的伟大历程中，涌现出无数可歌可泣的英雄模范人物。他们之中，有为了民族独立和人民解放而英勇牺牲的革命先烈，有为了党和人民的事业而不懈奋斗的优秀共产党员，有在全民族抗战中顽强奋战、为国捐躯的爱国将士，有英勇杀敌的战斗英雄和革命群众，有积极从事进步活动的著名民主爱国人士和国际友人……他们是民族的脊梁、祖国的骄傲，是激励全体人民团结奋斗的精神力量。

　　《100位为新中国成立作出突出贡献的英雄模范人物传记》丛书，就像一部星光璀璨的英雄谱，真实、完整地记录了英雄模范人物不平凡的一生，再现了他们非凡的人格魅力和精神世界。"头颅可断腹可剖"的铁血将军杨靖宇，"毫不利己，专门利人"的白求恩，"抗战军人之魂"张自忠，"砍头不要紧"的夏明翰，"俯首甘为孺子牛"的文化斗士鲁迅……一串串闪光的名字，一个个动人的故事，犹如群星闪烁，光耀中华。

　　如今，战火已熄，硝烟已散，英雄已逝，我们沐浴在和平的幸福之中。在和平年代，人们不会忘记为今日的和平浴血奋战的英雄们，英雄的故事永远不会结束。让我们用英雄的故事唤醒我们心中的激情，为中华民族的伟大复兴而奋斗。

生平简介

任常伦（1921-1944），男，汉族，山东省黄县（今龙口市）人，中共党员。

任常伦 17 岁加入本村抗日自卫团，19 岁参加八路军，编入山东纵队。在战斗频繁、激烈的胶东抗日战场，他表现得十分突出，政治上积极进步，作战中勇猛顽强，冲锋在前，撤退在后，英勇善战，不怕牺牲。1941 年加入中国共产党。1942 年 6 月任班长。他参加大小战斗一百二十余次，曾九次负伤，每次都是轻伤不下火线，重伤不叫苦，一直坚持战斗到底。1944 年 8 月，任副排长，出席山东军区战斗英雄代表大会，被选为主席团成员，并获山东军区"一等战斗英雄"称号。代表大会刚刚结束，他得知敌情后，日夜兼程赶回部队。此时，他伤口还没有完全愈合，肩膀里还嵌着敌人的弹片，但他坚决要求参战。战斗打响了，他和全排战士奉命抢占制高点。他带领战士发起冲锋，抢在日军前占领了制高点。接着，他又带领战士们夺取了被日军占领的小高地。在坚守小高地的战斗中，他带领战士们坚持在阵地前沿，子弹打光了，手榴弹用完了，增援部队还没有赶到，他坚定地对战士们说："我们没有子弹有刺刀，人在阵地在!"他带头冲向日军，与日军展开激烈的白刃战，一人连续刺死五名日军，终于带领战友们守住了阵地。他却不幸中弹，壮烈牺牲，年仅 23 岁。

1921-1944
[RENCHANGLUN]

◀任常伦

目 录 MULU

不幸童年有爱心 / 002

5岁丧父，10岁丧母，这个穷苦人家
的孩子，读了四年书，却有着不俗的
性格和爱心，他就是抗日英雄任常
伦。

0-13岁

14岁时中国发生的一件大事 / 006

在他14岁的时候，中国发生了一件大
事——华北事变，尽管他那时还是
个孩子，可是席卷全国的一二·九运
动却在他的家乡黄县，播下了革命的
火种。

14-15岁

英雄应是怎样的人(代序)

任常伦出生在山东省黄县孙胡庄一个贫苦农民家庭。自17岁参加了胶东抗日自卫团，19岁参加八路军，到23岁献出了自己年轻的生命，在短暂的六年革命生涯中，以表现突出、不怕牺牲的革命大无畏精神，赢得了广大革命群众的推崇和爱戴。

捷克革命作家伏契克说："英雄——就是这样一个人，他在决定性关头做了为人类社会的利益所需要做的事。"任常伦正是做到了这一点。

任常伦的名言是：为了党和人民，该流血时就流血。

在抗日战场上，他以作战勇猛、不怕牺牲而著称，先后参加一百二十余次战斗，九次负伤，用年轻而瘦弱的身躯，同敌人进行了殊死较量，向世人证明英雄不在于有强大的体魄，而是要有伟大的精神和品格。

这本小册子包括生逢乱世、军旅生涯、抗日前线、血染沙场四个章节。

各章节分别对任常伦短暂而伟大的一生进行了简要介绍和概括，因是作者利用业余时间编写的，在定稿前，曾做过多次修改和补充，参考了许多同志写的回忆录、文章，在此声明并表示感谢。

　　由于是在业余条件下进行编写工作的，受到时间、资料和水平的限制，不妥之处一定很多，欢迎读者提出批评指正。

生逢乱世

(1921—1936)

→ **不幸童年有爱心**

☆☆☆☆☆

（0—13 岁）

任常伦是山东省黄县（现龙口市）孙胡庄人。黄县位于胶东半岛西北部，东邻蓬莱县，东南毗栖霞县，南界招远县，西部和北部濒临渤海湾，与大连、天津、秦皇岛隔海相望，西北部的龙口港是胶东半岛的重要港口，烟（台）潍（县）和青（岛）黄（县）两条公路横贯全境。黄县是胶东半岛的水陆交通要冲，全县总面积840平方公里，土地肥沃，人口稠密，以物产丰富、商业发达闻名于胶东半岛，素有"金黄县"美称。历代反动统治者极为重视对此地的搜刮与掠夺。近代黄县人民备受帝国主义、封建主义和官僚资本主义的压迫，饱尝兵燹之苦。黄县人民勤劳勇敢，一向具有反抗强暴和反对外来侵略的革命斗争精神和爱国主义光荣传统。辛亥革命中，黄县人民为反帝反封建斗争作出过很大贡献。当年，徐镜心（山东黄县人）赴大连招募义军一举光复登州，在山东旧民主主义革命中具有重大的作用。

任常伦1921年出生在黄县（现龙口市）孙胡庄一个贫苦农民的家庭里。他的家乡坐落在黄县南部山区，家里只有祖传的两间草房，两三亩耕地，瘠薄的土地难以养活三口之家，再加上苛捐杂税多于牛毛，致使生活难以维持，常使父母借贷无门。父亲无奈，只得长期在外面给地主扛活。

1921年，也就是任常伦出生的这年7月，伟大的中国共产党在上海诞生，革命的火种很快在中国大地传播开来。

1926年，任常伦5岁时，一场重病夺去了父亲的生命。沉重的打击，使母亲的精神失去支柱，不久，便卧床不起。任常伦家的生活，更加艰难，常常要靠亲属和邻居的帮助才能维持下去。由于贫病交加，任常伦10岁那年，母亲又辞别了人世。后来，叔父收养了他，并送他入学读书。特殊的身世，使他变成一个早熟的孩子。

任常伦的家乡，当年曾是义和团活动过的地方。少年时代，他就听到许多关于"御外侮"、"杀赃官"的传奇式故事，在他幼小的心灵上，留下了难以磨灭的印象。随着年龄的增长，特别是经历过一段被剥削、受压迫的非人生活之后，更加深了他对现实社会的认识，对邪恶势力的憎恨，对苦难同胞的同情。任常伦的读书生活是短暂的，只有短短的四年，四年里他目睹了家乡和家中的变化，他再也不忍心叔父一家于艰难困苦之中，节衣缩食供他上学了，毅然中途辍学，帮助叔父挑起生活的重担。此后，他就加入了打短工扛活儿的行列。

那时，黄县有一个习俗，富人雇"工夫"。一般不雇光脊梁的。辍学的第二年，婶母为他做了一件粗布小褂，为此，在打短工时雇主颇多。但当他看到一些伙伴常常因光脊梁而揽不到活儿，致使家中无以为炊时，便干脆把小褂借给别人，宁愿自己闲着揽不到活儿干。为此，他受到穷伙伴的称赞。

★★★★★

（14—15岁）

1935 年，任常伦 14 岁了，这年在中国的土地上发生了一场令人震惊的大事——华北事变。自 1931 年九·一八事变日寇侵占东北后,1933 年 3 月，日军又占领热河，并大举进攻关内各地，中国守军奋起抵抗，但因蒋介石国民党破坏而失败。国民党政府于 5 月 31 日，

△ 驻中国东北的日本关东军炮击北大营并向沈阳进攻,制造了震惊中外的九·一八事变。

在日寇武力的逼迫下,与侵略者签订了丧权辱国的《塘沽协定》,规定中国军队撤至延庆、通州、宝坻、芦台等地区,实际上承认了日本对东北、热河的占领,同时划绥东、察北、冀东

△ 中日签署《塘沽协定》，中方代表自右至左为：徐燕谋、钱宗泽、熊斌和李择一。

为日军自由出入地区，从而为日军进一步侵占华北敞开了大门。

1935年，侵华急先锋关东军和华北驻屯军，积极策划其所谓以"华北特殊化"为目的的"华北自治"运动，公开摆出一副武力外交的架势。之前，日军已在华北各地制造了一系列事件，迫使中国退让、撤兵，为其开展"自治运动"创造条件。首先是谋划建立"蒙古国"，在察哈尔制造了多起事件，最后在1935年6月27日逼签《秦土协定》，

△ 1935年12月9日北平各校学生数千人举行抗日救国示威游行，反对华北自治，要求停止内战，一致对外。

"割让"察东六县与"满洲"，二十九军撤出察哈尔境内长城以北地区，国民党党部也撤出察省。

1935年7月6日，又制造河北事件，使南京政府与之签订了臭名昭著的《何梅协定》，承诺国民党党部和中央军完全撤出河北、平津，撤换平、津两市长，取缔一切抗日组织活动，并且凡是日本认为有"反日"嫌疑的中方势力都"不得重新进入"。肆无忌惮地扶植河北平津"地方人士"作为傀儡，实施其"自治"阴谋。为此，1935年8月1日，中国共产党中央委员会发出了《为抗日救国告全体同胞书》，即"八一宣言"，呼吁全国各党派、各界同胞、各军队，实现停止内战，一致抗日。

1935年，华北事变后，中华民族危机进一步加深，中日民族矛盾激化已成为中国社会的主要矛盾，抗日救亡成为中国人民的主要任务。

这时，由于宋哲元不甘做日本的傀儡，突然率

△ 冀东防共自治政府（伪政府）

第二十九军，利用丰台事件开进北平，成为中国在华北平津的主要军事力量，给"华北自治"事件造成了困难。

1935年10月日本制造了"香河事件"，煽动河北省东部香河、昌平、武清等县的"饥民"暴动，占据香河县城，并成立由汉奸组成的临时维持会。接着，汉奸殷汝耕在日本扶植下于河北通县成立"冀东防共自治政府"，控制冀东 22 县，宣布脱离国民政府，日寇以之作为促进宋哲元"自治"的"榜样"，并开列"反日分子"名单，在平津大肆滥捕。同时大批日军进入关内，威胁北平、天津。一时间，华北空气极其紧张。

1935 年 12 月下旬，南京政府在妥协退让政策下，在北平成立了半独立性质的"冀察政务委员会"，除了名义上隶属南京政府，实质已经成为变相的自治，并掌控在日本人手上。冀察政务委员会成立，实际上是日本"大陆政策"的继续"实践"，也是蒋介石"安内攘外"政策在实际中推行所造成的恶果。不仅是蒋介石搬起石头砸了自己的脚，同时也给中华民族带来严重危害。使华北平津包括中国北方大片地区沦陷，尤其北平是中国的历史古都，当时是全国的

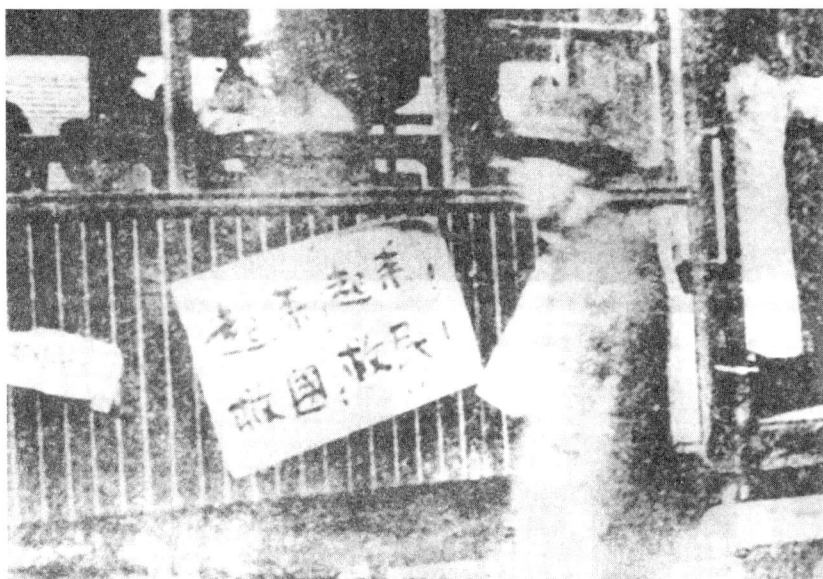

文化中心，华北事变的发生，使中华民族面临着生死存亡的危机。

1935 年 12 月 9 日，北平大中学校学生举行了大规模的示威游行，反对"华北自治"，史称一二·九学生抗日爱国运动。这次运动得到了全国人民的热烈支持和声援，特别是获得了全国各地爱国学生的积极响应。极大地促进了民族觉醒，打击了南京政府当局的妥协退让政策，发出的停止内战、一致抗日的号召，推动了全国抗日救亡运动的高涨。

△ 一二·九运动时北平学生游行示威

北平学生举行一 二·九抗日爱国运动的消息传到了山东，山东省济南、青岛、曲阜、烟台等地的学生和进步知识青年，在中共山东地方党组织的领导下，和全国一样，立即作出反应，首先是中等学校以上的学生立即行动起来，先是在本校张贴标语，出版刊物，印发传单，接着走出校门，举行联合罢课，走上街头，举行游行示威，要求政府实行抗日，号召民众起来进行抗日救亡斗争。他们到处讲演，控诉日军的侵略暴行，谴责国民党南京政府对日妥协退让行为。师范学校艺体科的学生在露天场所演出《渤海怒潮》、《救救东北姐妹》、《高粱叶子青又青》等话剧，以文艺形式进行抗日救亡宣传。尽管学生的抗日救亡活动遭到了国民党山东当局的镇压，他们一面派大批军警封堵济南各中等学校以上学校的大门，不准学生上街，一面令教育厅宣布提前放寒假，要学生一律离校，并派闷罐车将家在外地的学生强行拉出城区。但是，镇压并未能阻止住学生的抗日救亡斗争。

山东作为华北五省之一，是日本加紧侵略的重点省区。1935年10月，日本内阁通过鼓动"华北自治"案后，企图利用韩复榘与蒋介石之间的矛盾，拉拢韩复榘充当"华北自治"的领头

△ 韩复榘

人物。同时加紧对山东进行资本和商品输出，以控制山东经济命脉，进行野蛮掠夺，其侵略华北和吞并山东的欲望，越来越强烈地表现出来。在日本侵略者心目中，只要韩复榘宣布山东"自治"，华北问题就不难解决了。因此，《何梅协定》签订后，日本人加紧了对韩复榘的引诱和威逼活动。分别于1935年11月、1936年3月、6月、9月数次分派日本天津驻屯军司令多田俊飞、日本松井大将、日本驻济领事西田畊一在济南龙洞别墅与韩复榘密谈，劝韩复榘脱离中央，参加"华北五省自治"。日驻华大使川也在青岛会晤韩复榘，以孙连仲部驻山东问题大做文章，别有用心地借以挑拨韩复榘与中央关系，企图制造韩复榘与南京政府的新的对立。

对于日本人的诱迫威逼，韩复榘采用软硬两手对付，即不明确表态。因为华北事变发生后，日本帝国主义吞并华北，进而独霸中国的野心已暴露无

△ 签订《何梅协定》，左为何应钦。

遗。国内"停止内战，一致抗日"的呼声越来越高，抗日救国的运动在全国兴起。山东处于抗日的关键，韩复榘的态度至关重要。在日本人频频对韩复榘发起攻势的同时，蒋介石也开始了对韩复榘的拉拢工作。国民党五届三中全会期间，蒋介石特意召见山东代表何思源，让何思源转告韩复榘：只要韩复榘跟着他走，到哪里他蒋介

△ 孙连仲

石都把那里的军政大权交给他。同时
蒋介石还直接与韩复榘通电话，韩复
榘对蒋介石明确表示"决不跟日本搞
在一块"。山东立时成为全国抗日的前
沿。在这种危机深重的形势下，同全
国一样，随着华北特别是北京抗日救

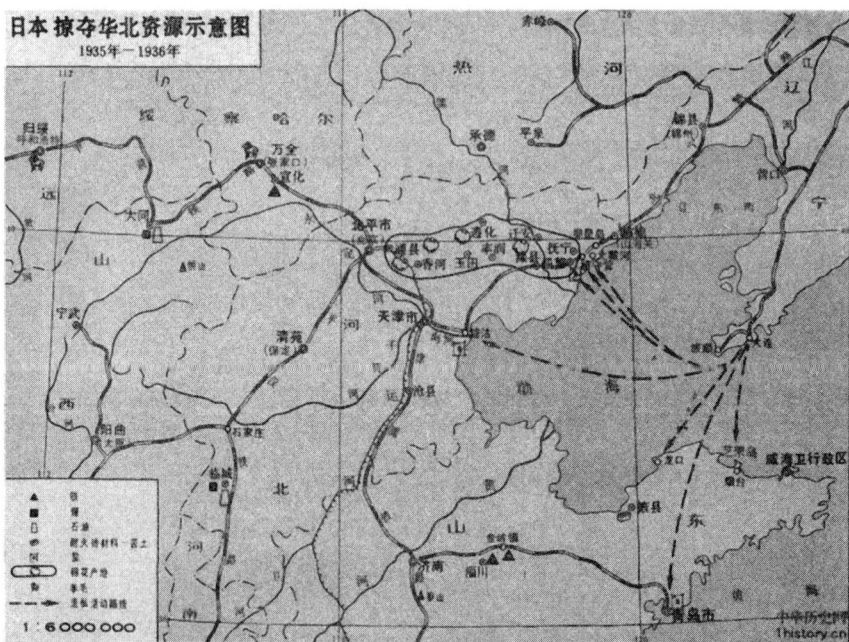

△ 日本掠夺华北资源示意图

亡运动浪潮的兴起，山东也掀起了工农抗日救亡运动大潮。济南、青岛、曲阜、烟台、蓬莱、福山、莱阳、黄县、潍县、益都、寿光、安丘、诸城、菏泽、曹县、泰安、新泰等县市也都先后开展了抗日救亡运动。

罢工工人一方面到社会上张贴"反对日本帝国主义侵略"等标语，一方面纷纷组织抗日救国团体，如"农民救国会"、"教职员救国会"、"职业救国会"、"妇女救国会"、"抗日自卫团"、"抗敌后援会"等组织，还派人打入山东省政府举办的"武装青年训练班"和"乡农学校"，借助这些阵地开展抗日救国宣传组织工作，以掌握农民武装，为抗日武装斗争进行准备。

其实，自1921年7月，伟大的中国共产党诞生，革命的火种很快传播开来。1925年1月，陈文其在青岛由邓恩铭等介绍加入中国共产党。1930年革命的火种由烟台传播到任常伦的故乡黄县。6月，中共龙口特支建立。12月，特支成员身份暴露，被迫转移，特支停止了工作。1934年3月，中共邢家支部建立。7月，支部因在接收新党员中不慎泄密，一位同志被捕，其他同志撤离，中止了活动。1936年10月，中共厚土泊程家小组建立，但到11月的时候，党小组又遭到破坏。抗日战争前，黄县地方党组织历经劫难，三起三落。尽管这星星之火没有形成燎原之势，但却在黄县人民中间播下了革命的种子。任常伦在这样的时代背景下成长起来，耳闻目睹着祖国和家乡的变化。

军旅生涯

（1937—1941）

⊙→ 在村自卫团

★★★★★

（16-17岁）

从 1937 年 6 月起，驻丰台的日军连续举行军事演习。1937 年 7 月 7 日夜，卢沟桥的日本驻军在未通知中国地方当局的情况下，径自在中国驻军附近举行所谓军事演习，并称有一名日军士兵失踪，要求进入北平西南的宛平县城（今卢沟桥镇）搜查。中国守军拒绝了

△ 赵登禹

这一要求。日军向卢沟桥一带开火，向城内的中国守军进攻。中国守军第二十九军三十七师二一九团无奈还击。这便掀开了中日战争的序幕。

自 1931 年日军占领中国东北后，为进一步发起全面战争，已陆续运兵

△ 佟麟阁

入关，到 1936 年，日军及伪军已从东、西、北三面包围了北平（今北京市）。中国守军和日军在卢沟桥激战，日本便派大批援军，向天津、北京大举进攻。二十九军副军长佟麟阁，一三二师师长赵登禹先后战死。7月末，天津沦陷。

日本侵略者发动的大规模侵华战争，激起了全国人民的抗日热情和决心，在中华民族面临危亡的严重关头，黄县城乡人民也和全国一样，在共产党的领导下，掀起抗日的浪潮。

1937 年 7 月，以福山县"民先"队员为骨干，成立了福山县抗日救亡歌咏团等一批业余文艺团体，到牟平、威海、荣成、海阳、福山、蓬莱、黄县等县巡回演出，采取唱歌、演戏、办壁报、撒传单、写标语等形式，宣传抗日救亡的道理和中国共产党的抗日主张。一些像《保卫卢沟桥》、《抗暴》、《雨过天晴》、《放下你的鞭子》、《血洒卢沟桥》等抗日戏剧，带动和鼓舞了黄县人民的抗日斗志，并在抗战初期，创办了报纸、刊物，以文字的形式更加广泛持久地进行抗日宣传。

1937 年 11 月，在国民党驻黄部队和国民党县长

△ 1937年7月29日，日本侵略军进攻天津，使数十万难民无家可归。

闻风而逃，黄县处于一片混乱的情况

下，当地中共党员仲曦东，中华民族

解放先锋队（简称"民先"）队员范

心然、丛鹤丹、王基正（王毅）等，

与国民党驻黄政训处的房雨若、宋兆炼（二人都是失掉关系的中共党员）为首的青年政训员，积极响应中国共产党的号召，发起组织了黄县抗日救亡团，动员民众，奋起抗日。

1937年12月24日，著名的天福山起义在胶东竖起了抗日的旗帜，打响了胶东抗战的第一枪，打击了日军的嚣张气焰，扩大了共产党的影响，唤醒了广大人民群众，积极地投入到抗日的洪流之中。

1938年1月30日，黄县抗日救亡团在城南黄格庄举旗起义，建立黄县第一支抗日武装——山东人民抗日救国军三军第三大队。

1938年3月，日军占领胶东后，首先在福山、牟平制造了多起惨案，其暴行罄竹难书。

黄县第三军第三大队建立后，随着部队的不断扩充，武器日趋不足，为了适应对敌斗争的需要，第三大队在黄县南部山区文基镇的杨家村，建立了自己

的兵工厂，开始制造枪支弹药。同时
在开展宣传、文化、教育方面做了大
量工作，鼓舞了广大群众的士气。

1938 年 4 月，黄县第三军第三大
队创办了《抗战日报》，这种小型的油

△ 天福山起义纪念塔

印报刊、宣传品，为宣传抗日发挥了很大作用。黄县还组建了自己的民众剧团。

同月，八路军鲁东游击七、八支队来到黄县。

1938年5月，中共胶东特委暨三军总部西上黄县与鲁东游击七、八支队胜利会师，从而进一步推动了抗日救亡运动的开展。为了加强对全县各阶层抗日救亡运动的领导，黄县抗日民主政府建立，黄县民众总动员委员会成立，各区区公所也相继设立。

县政府设立教育科，专门负责全县的教育工作，在重视中小学教育的同时，也重视群众教育的问题。群众文化教育，主要是通过组织群众上夜校、冬学，参加成人识字班、妇女识字班和读报组来进行。他们都由各县成立的冬学委员会领导这一运动。冬学就是利用冬闲季节，把农民组织起来，通过夜校进行抗战形势、民族独立和文化知识教育，以提高群众的政治思想觉悟和文化水平。夜校、识字班都实

△ 设在关水上埌夼村的胶东第一兵工厂旧址

行"小先生"制，发挥小学生的作用，组织"小先生"深入田间、炕头，教农民识字。为了加强对冬学、夜校的领导，成立了冬学促进会，培训冬学教员，翻印冬学课本，把国防常识课

本和国防语文课本，分送到全县各村
庄。为了提高政治觉悟，各县还经常
利用"五一"、"七一"、"七七"等重大
节日，举行庆祝会和纪念活动，联系

△ 抗日时期的妇女识字班

实际对群众进行形势教育、爱国主义教育和抗战必胜的教育。

黄县的知识分子、文化人、青年学生，更是积极响应中国共产党的号召，在民族存亡的紧要关头，冲破反动政府的阻拦，毅然投入到火热的抗日斗争中。他们利用演戏来激发广大群众的抗日热情。那时的戏反映了对鬼子的痛恨，观众不觉得是在演戏，因为他们感同身受。有一段戏的词是这样的："有老身，一阵阵心中悲伤，想起我的老头子，死得真冤枉。日本鬼子来扫荡，来到了咱家乡，又提鸡来又抢粮，家具骡马都抢光。"这是秧歌剧《大参军》中一个老太婆的一段唱词，说的是她的老伴儿在日本鬼子进村扫荡的时候被杀害，在秧歌剧中她号召人们都去参军打日本鬼子。

那个时候的戏曲、歌谣充分反映了人们对日本鬼子的痛恨。还有一首叫《小日本》的唱词是这样唱的：

"小日本，心不善，坐着飞机扔炸弹。炸火车，炸电线，炸死百姓千千万。小人小人你快长，长大参军把日抗。坐火车，当营长，晚上睡觉站着岗。"还有一首《日本鬼儿》，村里很多孩子都会唱："日本鬼儿，喝凉水儿。坐火车，轧断腿儿。坐轮船，沉了底儿。坐飞机，摔个死儿。露露头，挨枪子儿。"

1938 年 7 月，日寇飞机在黄县县城空投炸弹，一次就炸毁房屋数十间，炸死炸伤群众数十人。日寇的侵略暴行和广大人民的抗日热情感染着任常伦及他身边的人们。

17 岁的任常伦满怀热忱多次往村干部家跑，要求参加八路军打鬼子，但由于他年龄小，个子矮，村干部没有同意。

那时，在人民抗日武装组织中，人民抗日自卫团（简称自卫团）是基层的抗日武装组织，也是地方武装的后备力量，每年都有大批自卫团员参加县大队、独立营。人民抗日自卫团的组织系统是：县设县团部，由县委领导兼任指挥，区设区团部，乡设乡团部，村设村团部。

自卫团的任务有五项：一是配合主力部队和地方武装，打击日伪军的有生力量。在配合作战中负责带路、运输物资、接送担架、拆桥破路、封锁袭击日伪军据点、传递情报或直接参加战斗。二是掩护群众和伤员安全转移，迟滞日伪军的行动，尽量减少群众的损失。三是维持社会治安，清查缉拿汉奸、特务，打击首恶分子，分化瓦解伪军。四是协助抗日民主政府推行政策法令，征收抗日救国粮款。五是劳武结合，武器不离身。一面坚持劳动生产，一面站岗放哨，习武练兵，提高军事素质和技能，随时准备参加战斗。

在抗日根据地，18 岁至 45 岁的中青年农民都踊跃要求参加，每个县都有几万人参加自卫团。各县青年都把参加自卫团当做一种荣耀。参加了自卫团的人，在战斗中听从命令，服从指挥，积极参加战斗。他们在配合主力部队作战中，创造了辉煌的战绩。如用袭扰敌人、毙伤俘日伪军、破路、破桥、砍电线杆、收割电线、平毁碉堡来配合作战。

1938 年 8 月，黄县人民抗日救国自卫团指挥部成立。同年 7、8 月间，孙胡庄建立了抗日民主政权。

1938 年冬天，孙胡庄成立了自卫

团，任常伦当上了村里第一批自卫团员。他踊跃地参加自卫团的军事活动，而且表现得机智勇敢。他曾多次与同伴一起埋地雷、抓"舌头"、打伏击、掐电线、破坏道路，给了日伪军以沉重的打击。这时日军占领了黄县的龙口电站、码头等地。

1939年3月，黄县、龙口相继陷落。日军肆无忌惮地大肆掠夺中国的资源。

为了打击日军的嚣张气焰，黄县成立了抗日救国军第三军第三大队（简称县大队），领导当地的民兵和村民与日伪军展开激烈的较量。

当时的龙口电站被日军占领后，日军在原有的基础上进行了扩建，想利用电力开采招远的金矿。他们运来了东北松木、水泥、钢筋等，建设了两台1600千瓦的机组，并架设了通往金矿的输电线路。为了保卫电站和输电线路，日军在电站周围修建了碉堡构筑了工事。

为了粉碎日军的阴谋，黄县县大队发动龙口到招远沿途的民兵和村民，对输电线路进行了一次次的破坏。

夜里，日军一般不敢出来活动。任常伦和同伴们在县大队，先让人开上几枪，唬住据守在碉堡里的日军后，便和民兵开始行动了。从现在的龙口镇和平村往南，一个村负责破坏三根电线杆。当时，日军的电线杆全是松木的。民兵们用锯子从底部开始锯，用不了多大一会儿就将电线杆锯断。电线杆一倒，电线也被扯断。有些电线连在电线杆上，搬运不便，还会留下痕迹。民兵们就捡起石头（那时，连钳子也没有），把电线放在石头上，硬是用石头将铜质电线砸断。然后拴上绳子，用扁担两人抬一头，四人抬一根，很快就把电线杆抬到山区的根据地里。

一觉醒来的日军傻了眼，对着翻译官破口大骂："你们中国人太狡猾了。"为了加固电线杆，日军又从外地调集了专门设计的水泥桩子，埋进地里后，电线杆插入。露在地上的水泥桩有两米多高，日军认为这下可以高枕无忧了。

夜里，县大队又行动了，有些民兵试着拿石头砸水泥桩子，却奈何不了水泥桩。于是，有人马上站出来："骑到我头上锯。"这样，四个人一组，两个在底下驮人，两个在上面拉锯，没用多长时间，一根根电线杆又运到了根据地。

靠近招远的地方用的破坏方法更绝，民兵们用牛车上的粗牛皮绳绑上石头，扔到电线上，一拽，石头就随着绕圈转，结成一个非常结实的扣。众人一齐用力，电线很容易就被拉断。

在县大队的不断破坏下，电厂发出的电眼睁睁地送不出去。直到 1945 年 8 月民主政府接管电厂，也没送出过。这都是抗日力量的功劳啊！

1939 年 6 月，日伪军在黄县大王家村设立据点时，白天伪军逼迫群众修炮楼，一到晚上任常伦就和自卫团员破坏炮楼。在据点修好后，他与自卫团员奉命活跃在据点周围，不断困扰敌人。到了晚上，就用土枪、土炮袭扰敌人，让日伪军坐卧不安，夜不能眠。遇到零星的伪军活动，就寻机消灭他们，搞得他们日夜不得安宁。

→ 四年才见一面的妻子

（18—19岁）

任常伦的妻子小他三岁，是一位名叫慕桂莲，小名叫"艾蒿"的小脚女人。那是父亲在她出生后，正赶上过端午节看见大地里摇曳着绿色的艾蒿后随便给起的。艾蒿——一种常见的野草，在祖国的山川大地，到处都可以看到，具有顽强的生命力。

1939 年，日本鬼子到处烧杀抢掳，广大群众在日寇铁蹄的蹂躏下，生活愈加艰难，这时 18 岁的任常伦在叔父的主持下，与 15 岁的慕桂莲结了婚，婚后没几天，随着抗日工作的不断开展，任常伦正式当兵随部队走了，直到 1944 年 11 月牺牲。四年时间里，任常伦得了"一等战斗英雄"的称号后，才回家看了一眼妻子。

　　他告诉妻子："我打鬼子流了很多血，身体不好，首长让我休息几天，我回来看看你。"

　　慕桂莲说："打仗哪能不流血? 你好生养活养活，会好的。"

　　任常伦说："可我待不下啊，将来，等打走鬼子了，我回来和你好好过日子。"

　　为了躲避汉奸、鬼子，任常伦是悄悄回来的，只住了两天，他又悄悄地走了。这一走,就再也没有回来,只给慕桂莲留下一张一寸的小照片。

慕桂莲曾问他："四年里，你为什么不回来看看我？"

任常伦说："到处是鬼子汉奸，我当了八路，还不知你能不能活着。"

是的，那是1940年秋天，日寇和伪军占领了村庄，鬼子在汉奸的带领下，来到了任常伦的家里，曾逼问她："你男人上哪里去了？"

那一年，任常伦的妻子刚刚16岁。

慕桂莲说："不知道！……"

终于躲过了敌人的审问，但她到处躲避、逃亡，受尽了苦难。

那张任常伦成为一等战斗英雄、在山东军区受表彰时照的一寸小照片，就是她与丈夫四年才见一面，然后卷在最贴身的地方精心保存下来的。这成为妻子对丈夫永远怀念的历史见证。

⟶ 参加八路军

☆☆☆☆☆

（19 岁）

1939 年 3 月，黄县、龙口相继沦陷，县委主要成员相继调离，县委工作中止，由地下县委担负起县委的工作。黄县县委、县政府等机关由黄县城撤往艾崮山区和莱山山区一带，建立了八路五支蓬黄战区指挥部。至此，黄县军民在中国共产党的领导下，开始了以山区为依托的抗日游击战争。

1939年9月，黄县召开了一次党代会，选举产生了新的县委。中国共产党领导下的山东省第一个专区级政权——北海区行政督察专员公署在此地诞生。中共黄县地方党组织，也在这个方圆数十公里，拥有几十万人口的县城蓬勃发展起来。

同时，黄县抗日总队、招黄边区游击第二十二大队成立。10月，黄县抗日大队成立。这些抗日武装的建立，有力地推动了地方行政工作的开展，促进了抗日根据地的建立与发展。

1940年3月，黄县县委撤销，中共北海地委兼黄县县委直接领导县政府、县民动会和下设的四个分区委。

1940年3月，为了动员与团结广大民众积极投入民族战争，以巩固和扩大抗日民族统一战线，黄县成立了临时参议会。为了改造和建设基层政权，在

△ 日寇在扫荡中火烧村庄

1939 年 8 月和 1941 年 3 月，黄县曾先

后两次在根据地内开展普选活动，组

织发动群众，民主选举区、乡、村长。这时日军也加紧对根据地的扫荡，从 1940 年到 1942 年间，仅黄城阳村就曾遭到日寇八次血洗，被日寇烧毁房屋九百一十七间，枪杀三十多人，伤残冻饿致死的达三百余人之多。

日寇的罪恶行径，吓不倒勇敢的人民，八路军战士和人民前仆后继，和侵略者进行了殊死斗争，一大批进步青年加入到抗日的最前线。

1940 年 8 月，19 岁的任常伦实现了多年梦寐以求的愿望，抛下妻子，光荣地参加了八路军。开始在地方武装黄县抗日大队当战士。同年 10 月，该部又升级到八路军山东纵队，任常伦被编入其五旅十四团二营五连。从此，他的人生翻开了新的一页。

在部队党组织的培养和战友们的帮助下，任常伦逐渐成长起来。他从第一次战斗开始，就显露出英雄本色。入伍头几个月，由于部队武器缺乏，他

△ 被日本侵略者烧毁的村庄

没有发到枪，只背着一把大刀和几颗手榴弹。班长邹满清答应在战斗中帮他夺一支枪，被他谢绝。他坚决地向战友们表示，要亲自从敌人手里夺一支枪。

△ 行军中的八路军山东军区部队

　　1940 年 10 月，任常伦所在部队在掖县城南与日军展开了激战，战斗打得异常残酷。开始他负责往阵地上运送弹药，当他把最后一箱弹药运到前沿阵地的时候，战友们子弹已经打完，同敌人展开了白刃战。只见三个战士正同三个鬼子在激烈拼刺，其中一个战友已显得体力不支。说时迟，那时快，他撂下弹药，从背后猛地将鬼子拦腰抱住。对面的战友趁势一个突刺，刺中了鬼子肩膀。他乘机夺下鬼子的大盖枪，回手一刺刀，结果了鬼子的性命。战斗结束后，营部把这支枪发给了他。后来，在战斗频繁、激烈的胶东抗战中，任常伦表现异常突出。每次战斗，他都冲锋在前，英勇善战，不怕牺牲。在一次袭击敌人的战斗中，他左胳膊挂了彩，但他不愿意退下火线包扎，他说："为了党和人民，该流血时就得流血，这算得了什么！"

1940年12月5日，驻山东省掖县城日军一个连和伪军二百余人，进占掖县城东南郭家店，企图安设据点，打通从掖县到莱阳、郭家店到平度的公路交通，进而分割大泽山抗日根据地。为攻歼该股日伪军，八路军山东纵队第五旅旅长吴克华、政治委员高锦纯决定于当日夜，以一部兵力和地方武装进行袭扰，阻碍其构筑工事。6日晚，以第十三、第十四团隐蔽接近郭家店，迅猛发起攻击。日伪军仓促应战，被迫退至村北几处院落内，并施放毒气。攻击部队受毒气威胁，于7日拂晓撤出战斗，地方武装继续进行袭扰。9日黄昏，第五旅再次进攻郭家店。第十四团第三营率先从村东侧发起攻击，吸引日伪军集中兵力反击，第十三团趁机从村西、西南和西北发起猛攻，日伪军不支，退到村北一大院内顽抗。经彻夜战斗，日伪军死伤近半。10日上午，掖县城日伪军一百余人驰援郭家店，进至庙埠河时遭第十四团打援部队伏击，一部被歼，一部窜入郭家店，接应被困日伪军于黄昏逃回掖县城。此次战斗，山东纵队第五旅共毙伤日伪军一百四十余人，俘日军两人、伪军三十六人。

在八路军三打郭家店的战斗中，战斗英雄任常伦就参加了这次战斗，表现得非常勇猛顽强，轻伤

△ 连环画《战斗英雄任常伦》

不下火线，重伤不叫苦，英雄事迹非
常突出。画家李善一、李恕了解到情
况后，在短短的几天之内，就创作绘
制了一套连环画《战斗英雄任常伦》，

油印后发到新区、老区和敌战区，受到好评。其中脚本中的一段文字是这样写的："任常伦三枪打倒三个鬼子。"

抗日前线

（1941—1943）

→ 难忘救命恩人

★★★★★

（20岁）

任常伦不仅作战勇敢，而且还能团结同志，关心战友。连队的战友们都愿和他编在一个班里，战时划分战斗小组，战友们更愿同他划在一起。战友们都说，他关心别人胜过关心自己。

歌曲《战斗英雄任常伦》中有这样一段歌词："小栾家救出了史

德明。"歌中提到的史德明是任常伦的战友。

史德明是栖霞市观里镇大寨村人，生于1918年。8岁那年，史德明的父母先后去世，他成了流浪街头的

△ 歌曲《战斗英雄任常伦》

孤儿，靠给财主家放牛、扛活为生，受尽了磨难。1939年8月，史德明报名参加了八路军，编入山东纵队五旅十四团二营五班，成为一名光荣的八路军战士，开始了新的生活。1940年8月，任常伦刚当兵时，分在史德明班里。两人有着相同的经历，都是从小失去父母，靠打短工和扛活为生。两人彼此照应，亲如兄弟。史德明与任常伦是亲密战友，参加过数十次战斗，三次身负重伤，有着与任常伦一样的传奇故事，二等乙级残废军人，是一位名不见经传的功臣。史德明所在的十四团，是胶东地区八路军的主力部队，战事频繁，有时一天能打好几仗。苦大仇深的史德明，在部队首长和战友的帮助教育下，进步很快。他作战勇敢，曾三次身负重伤，也多次立功受奖。

1941年冬天的一个夜晚，任常伦、史德明所在的五连奉命攻打小栾家据点。战斗打响后，史德明带领全班很快就攻到了敌人的据点，由于战情发生了变化，营部下达了撤出战斗的命令。为了掩护战友撤退，他的右腿负了重伤，几次昏死过去，由于离敌人的据点太近，敌人火力又猛，战友们几次前去营救，都未成功。一排长、二排长和三班的战士，先后去营救，因敌人火力太猛，都负了伤，一排长进去救他也牺牲了。部队亟待撤退，战友尚未救下来，情况十分危急。"我去！"任常伦把枪和子弹袋交给了战友，冒着敌人机枪的疯狂扫射，向史德明负伤的地方冲了过去。

史德明伤势很重，一点儿也动不了，看着战友都撤了下去，自己作好了牺牲的准备。正在这时，他听到了一个非常熟悉的声音，迷迷糊糊地觉得有人拉他，便问谁，任常伦说："我，班长。我来拉你。"史德明吃力地睁开眼睛，一看是任常伦朝他爬了过来，史德明挥挥手，示意不让他过来，他说："我不行了，你快走吧，这里太危险，别再为我流血了。"任常伦靠近史德明，回答说："不行，就是死，咱俩也要死在一起。"史德明负伤的地方离敌人只有十几米远，任常伦不能站立，他趴在地上，用裹腿布捆在史德明腰上，任常伦向前拉了一下，史德明就用双手配合着向前爬一下。敌人发现他们后开了枪，任常伦就趴在他身上。这时，任常伦也负伤了，他头上挂了彩，血流在史德明身上。他把任常伦翻下去，说："你走吧，咱们不能死两个！"任常伦还是没走。最后，任常伦扒开鹿砦把史德明拖了出来。最后，他把史德明拖到了连指挥所，又把自己身上的大衣脱下盖在史德明身上。

这年 6 月，任常伦光荣地加入了中国共产党。在党的培养教育下，他政治上积极进步，作战更加勇猛，表现十分突出。这年冬天，他又勇敢地抢救出了一名陷入日军包围中的战士。

→ 反击投降派赵保原

☆☆☆☆☆

（20 岁）

1941 年，胶东部队奉命组织了反击投降派赵保原的战役。

赵保原是胶东最大的顽固派和亲日派头子。长期以来与日寇勾结，以发城为老巢，屯集重兵，构筑工事，屠杀抗日群众，进攻我抗日武装，气焰十分嚣张。

赵保原，字玉泉，后改玉全。蓬莱县芦洋大赵家村人。少时就读于本村私塾及省立八中，17岁入东北吉林军官讲习所，毕业后在东北军先后任排长、连长、营长，曾参加过直奉战争和抗拒北伐军的松江战役。九·一八事变后，李寿山部在伪满洲国建军，番号为奉天省警备军第三旅，赵保原投靠其麾下充当爪牙，多次率部在大孤山、长白山一带攻打东北抗日义勇军，因杀中国人有功，被升任伪满国军第三旅骑兵六团团长。1938 年，伪满当局派遣伪满军配合日军作战，第三旅首批入关充当帮凶，2 月抵达山东胶县。第三旅的副旅长叫张宗援，该人是日本人，

△ 1948年9月9日，上海军事法庭枪决日本战犯伊达顺之助。图为伊达顺之助在临刑前写遗书。

叫伊达顺之助，祖上是日本战国时代仙台藩的初代藩主——伊达政宗。清朝灭亡后，中国军阀混战，伊达顺之助来到中国，在给山东大军阀张宗昌当顾问时，认了张宗昌的娘为干娘，就得了个中国名字叫张宗援。张宗援率军侵入山东后，根据日军尽快建立傀儡政权的意图，谎称是张宗昌的亲兄弟，借其影响招兵买马，先后收编了张宗昌的旧部程国瑞和土匪刘桂堂等，改称山东省自治军，自任总司令，赵保原则成为该军旅长。1938年9月，张宗援、赵保原、刘桂堂等先后侵入平度，10月16日在平度大青扬战斗中，赵保原部被胶东五支队打败，损失二百余人。赵保原初战失利，生怕日本人追究，况且山东局面混乱，正是改换门面的大好时机。1938年11月，赵保原率部一千六百余人，在昌邑接受了山东省第八专区专员兼保安司令厉文礼的收编，改番号为山东省第八区保安第三旅。

1939年1月，反正不久的赵保原部，移驻莱阳城北贾家、许家旺一带。因其源于伪满军，装备精良，训练也比较好，故此受到了山东省主席沈鸿烈的

△ 讨伐赵保原部战役

注意，加上沈鸿烈与厉文礼不和，故更加提携赵保原，赵保原先后被任命为莱阳县代理县长，国民党山东省第十三行政区专员兼保安司令；赵保原受到提拔，自然要感恩戴德，于是更加努力表现。

1939 年 4 月，八路军山东纵队第五支队与国民党胶东游击队共同成立鲁东抗日联军指挥部，赵保原任总指挥，开始与日伪军作战。

1940 年 3 月，赵保原任鲁苏战区胶东游击区指挥官。不久，鲁苏战区赵保原部改编为陆军暂编十二师，赵保原任师长，从而成为胶东最大的实力派。不久，国共的联合失败，赵保原就从国共联军总指挥，转化为抗日联军总指挥，以后不断与八路军发生摩擦。后赵保原与青岛日伪军秘密勾结，双方在青岛、莱阳互设办事处，互通情报，并用掠夺来的物资与日军换取枪支弹药，并配合日伪军大举进犯胶东八路军根据地，其烧、杀、抢、掠，无所不为，被其捕杀的抗日军民及进步人士数以千计。

当时的胶东，在国民党顽固派支持下的反动武装猖獗一时，他们占山为王，割地称霸，为非作歹，残害

△ 讨伐赵保原部战役中正在冲锋的战士

人民。据有案可查的就有 24 个，人数从上百到上万不等，赵保原当是其中较大的一个。

1941 年春天，许世友带一个独立团来到胶东地区，组织反投降斗争，他的头衔是"反投降指挥部总指挥"。

许世友率领新扩充的一个独立团和一个支队，向胶东的顽固派武装发起了猛攻，仅一个月的时间，就将半数的反动武装打垮。许世友立刻向胶东最大的投降派头子赵保原发起攻击，指挥部队攻克崖山，收复郭城，围攻发城，直至打下扼守赵保原老巢万第的东北门户榆山。

其中，1941年3月底，我军打响了围攻发城的战斗。这一仗，是反击投降派战役中持续时间最长的一仗，也是极为关键的一仗。在我军强大攻势之下，赵保原自夸"固若金汤"的发城外围工事，经过三个多月的围困、分割、瓦解，逐个被攻破。到7月下旬，敌人只剩下城北菜园北山上的三个三层大碉堡了。

7月26日，团部下达了攻打敌残存的三个碉堡的命令，任常伦所在五连一排，由副教导员率领攻打中间最大的一个。战斗一打响，任常伦首先率领鹿砦组，冒着敌人的枪林弹雨挥舞铡刀砍开鹿砦，为部队冲锋扫清障碍，继而他又带着肩伤，在战友们的掩护下点燃了碉堡下的柴草，火攻敌人，从而使战友们顺利攻下碉堡底层。

此时，已过午夜，一排连指导员在内只剩下九人，而且全都挂了彩，任常伦也两处负伤。碉堡里的残敌拒不投降，龟缩在上层居高顽抗，企图做垂死挣扎。敌人不投降，就叫他灭亡。任常伦和战友们下定决心，不拿下碉堡，誓不罢休。旋即架起梯子，开始了强攻。

战友史德明率先爬了上去。敌人摔石头、倒开水把史德明打下来。史德明昏了过去。面对牺牲的战友和负伤的同志，任常伦怒火满腔，完全把生死置之度外，他高喊一声："我上！"立即登上梯子。

战火中，惊人的事情出现了：任常伦挪动着带伤的躯体，紧咬牙关，以惊人的毅力靠手劲儿一磴一磴地向上攀登。此刻，他浑身鲜血淋漓，肩部和腿部伤口揪心撕肺地疼痛，他面色苍白，气喘吁吁，豆大的汗珠从额头上滚下。而他心中只有一个念头：消灭敌人，为战友报仇，为群众雪恨！梯子下，七双眼睛都集中在他的身上，七双手都恨不得给他助一把力，七颗心都和他不怕牺牲争取胜利的信念连在一起！

他已接近了碉堡的枪眼。突然，碉堡里飞出一块砖头砸在他的头上。他眼前一黑，只觉得天旋地转，金星飞进。身子一晃，整个身子贴到了梯子上。

"任常伦，快扔手榴弹！"他听到战友们的呼唤，连忙抽出手榴弹，吃力地塞进枪眼。塞完，一头栽下梯子，昏了过去。

手榴弹在碉堡内开了花，炸得敌人鬼哭狼嚎。战友们趁机冲进碉堡，全歼守敌一个排。

革命战争的洗礼，使任常伦由一个怀有朴素爱国感情的青年农民，成长为无产阶级先锋战士。发城战斗结束后，他光荣地加入了中国共产党。从此，他更加牢固地树立起为人类求解放而奋斗终生的思想。

→ 1942年冬胶东反"扫荡"中

★★★★★

（21岁）

1942年是我军敌后抗战正处在最艰苦的困难时期，也是日军推行"治安强化"运动，"扫荡"空前频繁残酷的一年。日寇在胶东大地上制造了一桩桩惨绝人寰的大惨案。仅在牟平观水镇，日寇的凶残就可见一斑。

这年春季大"扫荡"，日寇在

牟平观水镇下杨家村东头，将杨文彬、杨文形等家的二十多间房子点上了火，杨文举的大妈藏在草丛里被烧死，杨忠荣被鬼子开枪打死。不久，日本鬼子扫荡八路军第一兵工厂所在的观水镇上垛村。鬼子扫荡前，八路军将机器全部埋藏在地下，他们什么也没有搜到，就将老百姓的房屋放火烧了，一百多户、三百多间房屋烧成了灰烬。村民高立法的哥哥是个哑巴，在山里被鬼子用镢头砸死；高云生、矫吉才的父亲被鬼子用步枪打死。

在"拉网"途中,日本鬼子经过观水镇曲家长治村,放火烧毁了一百五十多户老百姓的五百多间房屋，通天大火烧了一天一夜，房子没了，粮食烧成了灰。于春云和姜克忠的孩子、姜水贵的父亲死在敌人的枪弹下；于水言的父亲被日本鬼子捉住后用刺刀活活捅死；曲义良的爷爷被鬼子用火烧伤、姜书振的父亲被鬼子用枪打穿了胳臂。

牟平观水镇北果子村当年是一个不到三十户、只有一百多人的小山村。1942年10月15日，日本鬼子"扫荡"到这里，老百姓都逃往村南沟夼里躲藏，鬼子看到村里无人就开始搜山。在西南沟里，李春义、李龙云、李德彰、李桂云和小学教师周树明被鬼子用刺刀刺死，李德海的妻子和怀里吃奶的女儿以及身边6岁的儿子被鬼子用枪打死。北果子村村长、共产党员李龙云被鬼子用枪打死后，他的弟弟李海云吓得哭了起来，鬼子用手枪一枪打在他的太阳穴上，他倒在地上还有点儿气，鬼子就把一具尸体扔在他身上想压死他，幸运的是他活了下来；李德当年也是死里逃生的　个，那时22岁的他在前面跑，鬼子在后面追，接连打了九枪，虽然打中了他的左上臂，他最终还是逃过一劫。

　　后来，这次惨案由老革命军人搜集整理成材料，并为其命名"北果子惨案"，李海云、李德就是这次惨案的见证人。

下半年，太平洋战场的日军开始转入战略防御，中国大陆沿海地区的战略地位逐日提高，特别是揳入黄海腰部的胶东半岛抗日根据地，尤为日军统帅部所重视。

这年6月，任常伦升任班长。他执行任务果敢机警，11月中旬，他又成功侦察敌情，使所在部队安全突围。

11月8日，日本驻华北方面军司令官冈村宁次，亲赴烟台召开作战会议。因为当年已经进行过两次大"扫荡"，所以决定发动"第三次鲁东作战"。战役目标是要："歼灭以山东纵队第五旅及第五支队为基干的胶东军区共军，恢复山东半岛的治安，尤其是确

△ 抗日战争末期，胶东军区政治部副主任欧阳文向部队战斗功臣、英雄们作报告。

保青岛、烟台间的交通。"

参战兵力除日军驻青岛的独立混成第五旅团主力外，加调驻济南第五十九师团、驻张店独立混成第六旅团、驻惠民独立混成第七旅团各一部，共一万五千人，胶东各地伪军五千人，以二十六艘舰艇封锁半岛沿海，飞机十架协同作战。自11月19日开始，至 12 月 29 日结束，历时四十天，分三个作战阶段，采用"铁壁合围"的新战法，对胶东抗日根据地分区进行毁灭性的拉网大"扫荡"。

战役的组织实施，由日军驻山东第十二军司令官土桥一次统一指挥，前线指挥所设在烟台。

△ 胶东抗日武装在前线侦察

我方为加强对胶东抗日根据地军事斗争的统一领导，胶东军区于同年 7 月 1 日宣告成立，全区主力共有五个团。五旅所辖之十三团（济南第一团的前身）、十四团（即"塔山守备团"之前身）和十五团（即"潍县团"之前身），作战地区在烟（台）青（岛）路以西。第五支队的番号已撤销，所辖之十六团（即"塔山英雄团"之前身）和十七团，直属军区领导指挥，作战地区在烟青路东侧的海（阳）莱（阳）边区。胶东抗大驻守栖霞县牙山地区。东海、北海、西海三个军分区独立团，实际兵力各有两个营，南海根据地尚在开辟创建中。此时连同各县大队和区中队在内，胶东军区总兵力共一万四千人，装备落后，弹药奇缺。从兵力和装备的对比看，在这场生死大搏斗中，我军显然处于劣势。

　　牙山和马石山，是日军第一阶段作战的两个主要合击目标。牙山驻有胶东"抗大"，是我军培养干部的基地。马石山西侧的海莱边区，正西方向面对据点林立的烟青公路，西南方向是国民党暂编十二师赵保原部的巢穴。日顽两军互相勾结，海莱边区成为敌我顽三方斗争的最前线。胶东军区的指挥机关，区党委、行政主

△ 日军"扫荡"我抗日根据地，纵火烧毁民房。

任公署等党政机关和群众团体，也都常驻在马石山的周边各村。

据原胶东军区参谋长贾若瑜回忆，在当年10月间，山东纵队已发来电报，指出日军在结束对鲁中南根据地的大"扫荡"后，必将转兵"扫荡"胶东，要求提前作好准备。

冈村宁次到烟台，我烟台工委地下党的同志及时送来情报，所以我军已作好战前所有准备。

日军在烟台召开作战会议，胶东军区同时在驻地海阳县境的战场泊村召开营以上干部会议。决定以烟青路为分界线，路东路西密切配合，以"营连为单位"，采取"分散游击分区坚持"的作战方针，军民齐动员，粉碎大"扫荡"。

会后，五旅旅长吴克华和政委高锦纯，立即率领旅部机关穿越烟青路封锁线，进入莱西、栖霞之间，指挥路西三个主力团和北海、西海军分区的作战。

△ 青年贾若瑜

　　林浩政委率领胶东军区机关留在
路东坚持斗争。其时，军区司令员许
世友尚未到任，日夜兼程正在途中。
为精简机关轻装迎敌，政治部主任彭
嘉庆率领部分机关干部去十六团，组

织科长严政率工作组去东海军分区检查战备工作。文工团等非战斗单位尽行疏散。各级党政机关和群众团体则对群众进行了紧急动员，全面展开战前准备。

11月17日，许世友刚到职，就率领大家投入了反"扫荡"。

11月中旬，日伪军完成"扫荡"部署，下旬，即以牟平、海阳、莱阳间的牙山、马石山为中心，实施"拉网"合围。胶东军区机关迅速向东转移至外线。抗日军政大学第一分校一部由牙山转移至日伪军侧后，协同地方武装，破坏栖霞、福山段公路，并不断袭扰福山城口伪军。24日，日伪军合围马石山，胶东军区第十六、第十七团大部突出重围，小部为掩护两千余群众突围，与日伪军展开激战，民兵和群众也与敌奋力拼杀，但寡不敌众，25日，日伪军攻占马石山，将未转移的五百多名群众全部杀害，制造了"马石山惨案"。28 日，日伪军调整部署，在牟平、海阳一线构成断绝网，继续向文登、荣成地区推进，并以舰艇二十余艘封锁海岸。胶东军区机关一部及第十六、第十七团等部以小部兵力协同地方武装和民兵在内线坚持斗争，主力以营、连为单位分散

△ 当年侵华日军"扫荡"马石山区的示意图

△ 马石山殉难军民纪念碑

向西突出了合围圈。此时，第五旅等部
队在平度、招远、即墨等地区连续出击，
破桥断路，有力地钳制了日伪军。

在此之前当日军集中兵力大举"扫

荡"我牙山、马石山、昆嵛山各抗日根据地时，烟青路西我五旅主力及地方部队立即投入战斗，全力支援路东的反"扫荡"作战。十三团破袭烟青路栖霞至莱阳段，十四团袭击招远城，十五团炮轰平度城。驿道、朱桥、夏甸、日庄各大据点，也都遭到围攻和扰袭。北海、西海分区的地方武装，纷纷破坏各区县间的公路，割电线切断通讯联络，打击小股敌军，配合主力作战。

12月中旬，日伪军"扫荡"中心开始转向青、烟公路以西地区。第五旅接连粉碎了日伪军对平度、招远、莱阳、掖县边区的"拉网扫荡"。

12月13日，烟青路西的"扫荡"与反"扫荡"也正式开始。我军先声夺人，十五团二营在即墨吴家屯设伏，歼日军一个小队。招远城南的道头据点，被十四团一举攻克，全歼守敌一个中队。

按照上级部署，任常伦五连在招远至玲珑金矿

△ 马石山惨案照片

之间设伏击战。那里是一股敌人必经之路。原因是玲珑金矿是我国著名的"金都"，自 1939 年 3 月，日军占领后，守军多达五六个中队，并建碉堡七座，敌人的口号是"宁失招远城，不丢玲珑矿"，可见其重要。在那里，日寇先后掠夺了我黄金资源 16 吨（其中包括黄金制品和半成品及含金量高的富矿）。1939 年秋，胶东区党委成立了采金委员会，后改为采金局。团结和发动矿工与敌人展开了反掠夺斗争，在头发里、鞋底里、玉米饼子里向外夹带出黄金，有人因被敌人发现而英勇牺牲。最令人难以置信的是在我护矿武装的掩护下，我采金局竟在敌人的眼皮底下秘密挖了坑道，并与敌人的矿坑暗中相通，对方所挖的富矿便这样被我大量"偷运"出来，经过提炼加工就成为了我方的产品。连同根据地内其他几所金矿的产品，抗战时期，曾向党中央输送大量黄金，据有案可查的就有 13 万两，为党中央克服财政困难作出了贡献。

12 月 26 日，五旅一声令下，路西军民再度发动破袭战，烟青路、烟潍路两大交通干线及各县之间的公路，又告桥毁路断，交通瘫痪。自招远城驶向玲珑金矿的三辆汽车遭我十四团五连的伏击。班长任常伦冲锋在前，首先与敌展开白刃格斗，全连十分钟结束战斗，全歼日军一个小队。

冬季反"扫荡"作战，挫败了日伪军的企图，保存了有生力量，巩固了胶东抗日根据地。此次反"扫荡"，是八年抗战史中，胶东地区敌我双方参战兵力最多，持续时间最长，战斗最频繁，斗争最惨烈，我军损失最大的一场生死大搏斗。反"扫荡"共发生大小战斗四十六次，我军伤亡共三千八百余人，毙伤敌军共一千二百余人。另据敌方统计，在"扫荡"中疯狂地捕捉我青壮年充当劳工，仅烟青路以东就捉走八千六百多壮丁，烟青路西地域更广阔，被抓走的壮丁只会多不会少。估计约九千人以上，再加上"马石山"、"崂山"、"招远"三大"惨案"中和其他零星被杀害的人员，群众中的伤亡和人员损失总数接近两万人。至于房屋被烧、牲畜被抢等财产损失更无法统计。

对这场战争的胜败问题，我们的看法是：在双方兵力对比悬殊，敌人动用海、陆、空三军联合作战的形势下，我军的局部挫败是难免的，以步枪和手榴弹与飞机大炮相抗衡这是必然要付出代价的。落后就要挨打，我

△ 部队向敌据点运动前进，越过一个沉睡的村庄。

们不能不承认这一残酷的事实。但从敌人原定的作战目标来看，敌人既未能"歼灭胶东共军"，也未能完全控制烟青路。

12 月 30 日，土桥一次下令全线收兵，退出我抗日根据地，结束了历时 40 天的大"扫荡"。

➡ 攻打近枝据点

★★★★★

（22 岁）

1943 年 10 月，任常伦所在的

二营奉命深入鲁南开辟滨海区抗日根据地。部队在诸城县与汉奸司令李永平打了三仗，连战皆捷。

李永平，又名李子瑞，山东省高密县人。9岁去东北伯父家。1931年九·一八事变后返回家乡，并拉起队伍占山为王。1938年1月，李永平部与诸城县李鸿升联合组成游击队，3月编为国民党山东省第八行政督察专员公署十二团，任第一营营长。5月，该团在与日军作战中被击溃，李永平收容残部继任团长，占据现胶南市丁家大村一带。

1940年春，十二团改编为国民党苏鲁战区游击队第二纵队第六支队，李永平任支队长。支队部移驻于家官庄，次年冬又移驻泊里镇。

1943年3月，在南京汪精卫伪政府军事参议潘荫南的策动下，投靠日军，六支队改编为滨海地区警备军，辖六个团六千余人，李永平被日军委任为少将司令，在青岛日军第五混成旅团长内田的直接指挥下，充当了日军在青岛地区的汉奸。在泊里地区无恶不作，鱼肉百姓。人民饱受伪滨海警备军李永平之压榨欺辱。

那是在部队进入诸胶边，第二天晚上即攻打李永平的据点近枝子。进军路上，在距近枝子仅八里路的一个庄子找了几个向导，都说不知道路，之后把他们分开一个个问，才敢说实话。当打进大洼（近枝子东二里）后，在伪便衣大队部抽屉内搜出几十张报告，是报告我军活动情况的，甚至当我们冲进大洼前半小时，还捉了两个送情报的。可见李永平对民众的连环保甲制的恐怖统治是多么叫怕。民众恨他又怕他，两个人以上在一起，谁也不敢提起李永平部队的事。

有一个甲长，因帮助八路军筹过给养，给李伪便衣黑夜用斧头劈死了。马姑观保长也因为给八路军送过给养，而被抓去活埋。有一天晚上，李伪便衣冒充我军去叫门，故意问一个老太婆："八路军好不好？"老太婆以为是八路军，

△ 1943年，胶东军区十三团侦察排化装插入敌战区打击日伪军。

也就说了实话："好！"结果被抓去毒打一顿，卖了二亩地才完事。幸亏是个女人，要是个男人也休想活命。

在李永平统治下的村庄，白天得给他送情报，即使没有什么事，也得写上"敝村今日平安无事"的条子送去，哪个村要三天不送报告，保甲长就会被活埋。

此外，李永平抓劳工也是人民最痛恨的事情，每天各庄都得抓人去修炮楼，光修插旗崖据点，就费了十万工。"出工"的办法是，每天天不亮，轮到出工的人，捎着煮熟的几斤地瓜，匆匆地赶去上工，太阳露头就得上工，谁迟到，罚伪币50元。干起活来，一天到晚不准休息，连吃饭时间也没有，他们只得一边抬石头，一边咬着冷地瓜，谁若怠工，就会遭到皮鞭的抽打。伪工程处——管理修据点的麻子副官曾对老百姓说："要杀鸡还得磨刀，杀你们连刀也不用磨!"这样，谁还敢怠工呢!？

他们不仅出工修炮楼，还得黑夜看据点，每晚据点外围，用十几个民工站岗，防备我军袭击。

汉奸修据点的木材砖石坯块等，都是强迫各庄送的，特别是修插旗崖据点时，正值冬天，各庄派的坯块，限期太急，老百姓只好把自己的炕拆掉送去，但旧坯是烧黑的，因此又被李逆罚了款。

那里大多数的老百姓都是面黄肌瘦的。这里的人把麦子和小米都叫做"客粮"，因为这些粮食一上场，不用入囤就得送到伪军手里，老百姓唯一的口粮就是地瓜和地瓜干，再就是地瓜秧、糠和树叶子。老百姓在严寒的冬天，还穿着露肉的单衣，坐在没有炕席的凉炕上，等着饿死，然而他们不是没有土地，而是他们打下的粮食都被伪军李永平掠夺去了。

李永平统治区的苛捐杂税更是无奇不有，像棉衣费、鞋袜费、过年费、棉花、油（在据点围墙上点灯用，防我夜袭）、猪肉费……每年每亩地还要纳二百元伪币，使得老百姓异常贫穷。

汉奸李永平只有三千多人，根本吃不了这么多粮食，原来他除了自己吃的外，在泊里镇还开了一个大酒坊，每天出酒八千斤，李永平的兵都学鬼子的装备，每顶钢盔是用一百斤小米和鬼子换的，还有机关枪、子弹等……也都是用粮食和鬼子换的，老百姓怎能不饿死呢！？

1942 年春天，在大河山、小河山，在孙家奋、石家奄一带，每个村都饿死几百人，有个小村只有百来户，饿死的就有四百多人。

李永平还规定了"五家连坐法"，即一家有事，四家举发，如有违犯，五家同罪。强迫老百姓红白喜事一律向他们报告，三人一起不准说话，外出讨饭要到伪司令部领牌子，如有违犯即以通八路论处，动辄逮捕活埋。并在各村成立"剿共委员会"，严查共产党、八路军的活动。李永平部在泊里镇中心设立了"公和兴"商号，在贡口等地设立了"税务卡"，控制经济命脉，对广大农民横征暴敛，大肆搜刮。为了修筑据点和炮楼，他们对泊里地区的人民，不分男女老幼，一律照相存查，按照片抽丁纳税，摊派物资，捐粮捐款。据不完全统计，1943年至1945年三年间，共修据点四十二处，炮楼三十余座，强征民夫七十万人次，收粮一千二百多万斤，征款八百多万元，强行拆除民房数百余间。

人民在李永平的压榨下喘不过气，在血泪中过着非人的日子，日夜盼着八路军快点儿开过去解救他们。自从八路军到诸胶边以后，已经绝望的老百姓有了新生的希望，特别是我们打下石门、四山子、近枝子以及在小官庄歼灭李永平几百人，老百姓把希望寄托给八路军，很多青年及老人表示，只要八路军能消灭六支队，他们一定可以组织起队伍来。

首战石门，继战近枝，三战插崖，任常伦仗仗都表现得英勇顽强，特别是第二仗近枝战斗尤为突出。

△ 胶东子弟兵攻克烟台东南方向之上夼村碉堡

近枝是李永平的重要据点，工事坚固，驻有重兵。二营和滨海十三团接受了攻打近枝的战斗任务。二营分工爆炸敌人两座碉堡，任务分配给了五连和六连。其时，我军炸药不足，仅有三十斤。如果平均使用，势必两座碉堡全炸不掉。营部考虑五连爆破技术高，经验丰富，所以只分给五连五斤炸药。

五连长刘志金深感任务艰巨，考虑再三，最后决定把爆破任务交给任常伦的一班。任常伦接受任务后，立即召集全班战士开"诸葛亮会"，集思广益，群策群力。商量的结果是：把炸药投进碉堡的枪眼里。

战斗打响后两个小时，部队就扫清了敌人的外围据点，把敌人压缩到两个大碉堡里。任常伦率领一班战士冲到了碉堡的壕沟外边。此刻，碉堡上下，敌人的机枪和步枪子弹雨点般地扫射过来，壕沟内外，硝烟弥漫，令人窒息。

在兄弟班战友火力掩护下，一班冒着敌人的枪林弹雨架起了通过壕沟的便桥，迅速竖起攀登碉堡的梯子，梯子一放稳，副班长王风云就扛着炸药包攀了上去。由于敌人火力太猛，几个战友中弹倒下了，王风云壮烈牺牲。

面对凶残的敌人，看看牺牲的战友，任常伦火冒三丈，一跃身冲过敌人的火力封锁区，迅速向碉堡里甩进一颗手雷弹，从王风云身旁抓起炸药包，"嚓"地一声点燃导火索，飞身跃上梯子。导火索"哧啦哧啦"冒着白烟。这时，碉堡里的敌人被这气壮山河的举动吓傻了眼，在他们还没反应过来的时候，任常伦已把炸药包扔了进去。

一声巨响，碉堡炸开了一个大窟窿。碉堡里剩下的敌人吓破了胆，在一班的攻势之下，哀嚎着"别……别再扔炸药啦"，全部缴械投降。任常伦常说："为了党和人民的利益，该流血的时候就毫不顾惜地去流血！"每次战斗受伤，他都不皱眉，不畏惧，沉着冷静，坚持战斗。

血染沙场

(1944)

→ 长沙堡伏击战

★★★★★

（23岁）

1944年，胶东八路军主力部队和地方武装，趁侵华日军从华北抽兵南调、胶东日伪力量相对减弱之机，向胶东日伪军发起一系列攻势，使胶东的东、南、西、北四区连成一片。

8月，任常伦出席了山东军区战斗英雄代表大会，被选为主席

△ 任常伦

团成员，并荣获山东军区"一级战斗英雄"称号。英雄代表大会刚刚结束，日伪军纠集一千多人，开始了对牙山根据地的"扫荡"。

任常伦听到这一消息，再也待不住了，怒火中烧。他怀着对日寇的刻骨仇恨，日夜兼程，长途跋涉七百里赶回部队。此时，他已负伤九次，肩膀里还嵌着敌人的弹片，体力还没有完全恢复。在部队领导安排下，他返回了家乡，和久别的妻子见了一面。之后又急急忙忙赶回部队。

赶回部队后，部队首长考虑到任常伦身体状况，本打算不让他参加这次反"扫荡"战斗，安排他休息几天，作好准备，等战斗结束后，给部队报告山东军区战斗英雄代表大会的盛况。可他非要上前线不可，他说："不要我打仗，我受不了！我不能眼睁睁看着鬼子横行霸道！报告，可以一边打仗一边准备。"在他再三要求下，首长批准了他的请求。

一天，十四团获悉：日寇大岛部队六百多人，沿烟青公路南下莱阳。团首长决定在栖霞县长沙堡布下口袋阵，围歼敌人。

根据团里的部署，部队提前进入阵地。担任副排长的任常伦带领九班三十三名战士，坚守在阵地前沿的一个高地上，担任阻击任务。

耀武扬威的鬼子钻入我口袋阵后，连续遭到我三营和一营猛烈炮火的打击，乱了阵脚，像一群被捅了窝的黄蜂，四处乱窜。

经过指挥官一番纠集，鬼子便在火炮、掷弹筒掩护下，开始疯狂地突围。

九班战士在任常伦的带领下，连续两次击退了敌人凶猛的进攻。

突然，几十个鬼子抢占了制高点左侧的另一个小高地，插起膏药旗，架起机关枪，严重地威胁着团指挥部和兄弟排阵地的安全。

关键时刻，任常伦主动带领九班去夺取鬼子占领的小高地。

九班战士在任常伦的指挥下，一口气冲到小高地正面断崖下。

采取智取的办法，首先命令两名战士正面佯攻，然后率领其余战士沿着断崖迂回到敌人侧面，接着一个突然猛攻，顺利夺取了小高地。

敌人不甘心失败，趁我方立足未稳，一阵猛烈的炮火轰击后，一个指挥官用指挥刀威逼着一群鬼子嚎叫着向上冲来。任常伦沉着地端起大盖枪，扣动扳机打倒了指挥官，接着又连发三枪，撂倒三个鬼子。九班战士在他的带领下，斗志高昂，以一当十，英勇地抗击着十倍于我军的敌人，连续打退了鬼子数次反扑。

手榴弹用完了，子弹打光了，增援部队还没有赶到，敌人的反扑又开始了，情况十分危急，一场严峻的考验摆在面前。

任常伦站起身，望着远处村子里鬼子燃起的大火，眼睛都红了。他高高地举起手中的枪，高声对战友们说：

△ 图为胶东军区指挥员亲临阵地观测敌情

"同志们，我们没有子弹，有刺刀，人在阵地在！"

鬼子冲了上来。任常伦与九班战士高喊着"杀"声，端起凝着强烈仇恨的刺刀，冲入了敌群，一场激烈的白刃战开始了。

三个鬼子兵端着明晃晃的刺刀，从左、右、前三面来围攻任常伦。迎面的鬼子"呀——"的一声，窜到任常伦的面前，来势凶猛，朝着他的右肋就是一刺刀。任常伦无比沉着和勇敢，面对强敌，毫不畏惧。他用力防右反刺一枪，"咔嚓"一声，就把鬼子刺来的枪磕了回去，紧接着一个前进直刺，"呀——嘿！"一声呐喊，刺刀穿透了鬼子的前后胸。鬼子扑通一声倒在地上。

任常伦刚拔下刺刀，左右两边的鬼子已靠拢过来。左边的鬼子"呀——"的一声，刺刀直奔他的左胸而来，他机警地往后一闪，鬼子刺刀扑了个空，一头栽倒在地，任常伦飞起一脚，踢中鬼子的肋下，那个鬼子"啊——"的一声,滚下山坡。

此刻,右边的鬼子见正面对付不了任常伦,趁机窜到任常伦的背后,刺刀向任常伦的后背捅来。任常伦听到身后的声响,猛地一个一百八十度大转弯,以迅雷不及掩耳之势,用枪尖拨开鬼子的刺刀,用枪托狠狠地砸向鬼子的头部,鬼子重重地跌在地上,任常伦紧跟着一刺刀,结果了鬼子的性命。

战友纪绍信在刺死一个鬼子后,来不及躲闪另一个鬼子的刺刀,在鬼子刺中他的同时,他的刺刀也狠狠地刺进了鬼子的胸膛。

任常伦看到倒下的战友,怒发冲冠,恨不得生出三头六臂,把鬼子全部杀光！他怒目圆睁，左冲右杀，先后有五个鬼子死于他的刺刀之下。在这个大无畏的英雄面前，那些号称有"武士道"精神的鬼子丧了胆，只要同他一照面，便掉头逃跑。在战斗最激烈的时候，任常伦和全体战士冲入敌阵，进行白刃战。

这时，五班增援上来了，鬼子乱成一团，丢下几十具尸体，狼狈逃窜。

当天傍晚，鬼子又发起了对小高地的最后一次反扑。任常伦正满怀信心地准备和战友们一起消灭敌人时，不幸，一颗罪恶的子弹打中了他的头部。

五班长赶紧扑过去，连声呼唤："副排长！副排长！"任常伦吃力地说："五班长，别管我。守住阵地要紧，守住阵地就是胜利！"

"为副排长报仇！""为我们的英雄报仇！"顿时，呐喊声像滚雷，震天动地，似怒涛，呼啸奔腾……战友们悲愤填膺，怒不可遏。当鬼子冲到前沿时，战士们个个如下山的猛虎，一齐扑向了敌人。

在一排猛烈的手榴弹和一阵复仇的子弹之后，鬼子们狼狈逃窜了。

总攻开始了！十四团以排山倒海之势，从四面八方扑向鬼子……鬼子扔下了258具尸体，惨败而逃。我军乘胜追击一百里，彻底粉碎了敌人的"扫荡"。在一个小时的战斗中，杀死日寇135名，伪军123名，任常伦自己就拼死鬼子7名。在这次战斗中，23岁的任常伦身负重伤，33名战士，全部壮烈牺牲。

→ 为革命而牺牲

★★★★★

（23 岁）

1944 年 11 月 17 日，著名的胶东军区一等战斗英雄任常伦在长沙堡战役中，用刺刀拼倒七个鬼子后，被流弹击伤，用担架抬到观水镇抗日根据地医院四分所治疗。这里虽然简陋，但当时有外国大夫，医疗条件是胶东最高

级的，规模也比较大。任常伦在这里
抢救了三天，终因伤势过重而牺牲。
在抢救期间，任常伦是由牙山县女村
长刘美英领着村里的妇女照顾的，那
时刘美英年仅 20 岁，由于精明能干被
村民推选为埠西头和崮山前村行政村
村长，她是当时埠西头所属的牙山县

△ 纪念任常伦烈士大会

第一位女村长。收公粮、埋地雷、造担架，这些支持抗战的工作都是由她领着群众干。因为胶东军区医院四分所设在村里，她经常去照顾伤员。战斗英雄任常伦的遗容，也是由她负责整理的。由于与敌人拼刺刀，任常伦身上已伤痕累累，头部、脸部被刺得不成人形，她是噙着眼泪完成这个任务的。

任常伦牺牲后，许世友司令员在埠西头村西头的河滩上为他主持召开了追悼大会，当时还把任常伦的妻子接了过去。各部队、烈士家乡与各村村民自发送来很多的白幡、帐子，现场异常肃穆壮观！

追悼大会是下午开的，追悼大会上，村里的人都去了，哭声一片。刘美英代表妇女发言，她说："任常伦打仗为的是老百姓，他是为我们死的，我们要化悲痛为力量……"追悼大会后，任常伦被掩埋在埠西头村南。

在追悼会现场的埠西头村河滩上，除了全副武装的一个团的战士外，还有自发前来的周围的群众，场面非常壮观。胶东抗日司令员许世友，在

△ 任常伦铜像

抗日英雄面前，他表情沉重地、用颤抖的声音致了悼词，号召军区干部战士向任常伦学习，学习他英勇杀敌的精神，再接再厉，尽快把日本鬼子赶出中国，为死难烈士、死难同胞报仇！并绕灵三周后，以山东公认的最高礼节，把自己的军装亲手盖在了烈士的身上，当地群众也把村里最好的一副棺材献出来，装殓抗日英雄的遗体。

会场肃穆庄严，群情激愤，军民无不为任常伦的英雄气概所感动，为许司令员的号召所鼓舞。许世友将军说："大家都哭，我也哭。大家不要悲痛，要化悲痛为力量！哭，是痛悼英雄的悲壮！而力量，是人民的力量，

是军民的力量！是啊，只有军民一心，

才有真正的力量，才是真正埋葬日本

侵略者的力量！"

△ 战斗英雄任常伦之墓

追悼会结束后，许世友亲自主持召开胶东军区扩大会议，决定把任常伦英雄所在的十四团一营五连命名为"常伦连"，牺牲日（11 月 17 日）正式成为了建连纪念日。之后，胶东国防剧团创作的著名歌曲传遍了山东，那就是《战斗英雄任常伦》（栾少山作词，莫雁作曲），在根据地和全国流传开来。

歌词是这样的：

战斗英雄任常伦，

他是黄县孙胡庄的人，

十九岁参加了八路军。

打仗像猛虎，冲锋在头阵，

完成任务坚决又认真，

为人民牺牲也甘心。

对待同志们，关心又热情，

危险情况下不顾自己的命，

小栾家救出了史德明。

他在战场上，负过九次伤。

轻伤不退后，重伤不惊慌，

战斗中缴获了无数枪。

党的培养下，自己苦用功。

帮助同志们，学习不放松，

四四年当上了战斗英雄。

长沙堡战斗中，光荣地牺牲。

他的名字，人人记心中，

任常伦，敬爱的英雄！

△ 任常伦烈士衣冠墓

1945 年春，为纪念任常伦烈士，黄县（今山东龙口市）人民政府决定，将孙胡庄改名为"常伦庄"（也称长

伦庄），以志纪念，家乡人民还为抗日
英雄修建了"衣冠冢"。

抗战胜利后，在栖霞英灵山修建
胶东抗日烈士陵园时，建塔委员会根
据有关规定，将任常伦烈士的遗体迁

△ 胶东抗日烈士陵园

往英灵山安葬，重新建陵，立碑。同时决定铸一尊铜像以示纪念。

任常伦生前亲自从鬼子手里夺下、又用它创立了卓越战功的"三八大盖"枪，至今仍被陈列在北京中国革命历史博物馆。

后 记

任常伦英名永存

在山东省栖霞县东部巍峨的英灵山顶上，昂然屹立着雄伟壮观的抗日烈士纪念塔。塔西面，有一尊八路军战士的铜像，持枪伫立，雄视前方，守卫着美丽的胶东半岛，他就是山东军区一等战斗英雄任常伦。这位 1921 年出生在山东省黄县（今龙口市）孙胡庄（现为常伦庄）一个贫苦农民家庭的抗日战士。到 1944 年牺牲，年仅 23 岁，他以一种钢铁般的意志和大无畏革命精神，用整个生命见证了共和国鲜红的国旗。把年轻的宝贵生命融入八年抗战的伟大解放事业中，留下了不可磨灭的光辉业绩。

任常伦 17 岁参加了胶东抗日自卫团，1940 年参加八路军，被编进八路军第十四团二营五连。在战斗频繁、激烈的胶东抗战中，任常伦表现突出。每次战斗，他都冲锋在前，英勇善战，不怕牺牲。在战斗中，他左胳膊挂了彩，但不愿意退下火线包扎，他说："为了党和人民，该流血时就得流血，这算得了什么！"在党的培养教育下，他政治上积极进步，作战更加勇猛，表现十分突出。被评选为战斗英雄。连续出席了胶东军区和山东军区战斗英雄代表大会，被选为主席团成员，并荣获军区一等战斗英雄光荣称号。

英雄牺牲时仅是一个排长，生前曾9次负伤，120次参加战斗，遇到的艰难险阻更是无法想象，直至献出宝贵的生命。或许英雄仅仅是一个士兵，不能和那些能征惯战的将军们相比，而英雄留给我们的资料是罕有的，在所能找到的和公开发表的资料中，甚至都找不到英雄家庭状况的详细资料，他的父亲母亲姓名，简历籍贯，都无从考证。这与其他名人相比，莫不使人感到惋惜和遗憾，也使人想到，对一些烈士的事迹挖掘工作的重要性。但烈士的事迹是永远不可磨灭的。人民是不会忘记他的。